1891

e

s

*Siegfried von Vegesack*

# Der Pastoratshase

*Altlivländische Idyllen*

EUGEN SALZER-VERLAG HEILBRONN

SALZERS VOLKSBÜCHER
52

66.–70. Tausend / 1972

 Einband: Elsbeth Schneidler-Schwarz. Druck: Offizin Chr. Scheufele, Stuttgart. Printed in Germany.
ISBN 3 7936 0473 x

## DER PASTORATSHASE

### I

»Klinglingling – die Post kommt an! Was bringt sie mit? Einen Brief vom Apostel Paulus.«

So pflegte der alte Pastor Berkholz seine Predigten zu beginnen. Aber wie lustig und harmlos der Anfang auch war – gegen Schluß konnte der mächtige Gottesstreiter mit dem wallenden Prophetenbart, den unheimlich blitzenden Augen und der dröhnenden Stimme auch recht ungemütlich – ja, wenn er irgendeinen Missetäter zu rügen hatte, sogar erschreckend zornig werden. Besonders wenn der Küster allzu lange auf der quietschenden Orgel tremolierte und durch die geöffneten Kirchenfenster schon das Geläute der jagenden Meute aus dem nahen Walde bis zur Kanzel emporstieg. Denn hinter der Sakristei, an der Friedhofsmauer, stand Jekab, der Pastoratsknecht, mit der Schrotflinte und Patronentasche seines Herrn.

Pastor Berkholz war nämlich nicht nur ein großer Kanzelredner, sondern auch ein gewaltiger Nimrod vor dem Herrn. Und ebenso sicher wie sein Eisenrohr den Hasen traf seine Donnerstimme den Sünder; nur selten brauchte der »Wecker-Jaan«, der lauernd mit dem Klingelbeutel von Bank zu Bank schlich, einen Schläfer unsanft mit seiner Stange zu wecken.

Auch wußte Pastor Berkholz die schwierigsten Probleme der christlichen Lehre so einleuchtend zu lösen, daß selbst dem hartnäckigsten Zweifler das Mysterium der göttlichen Dreieinigkeit sonnenklar wurde.

Mitten in der Predigt holte er sein ungeheures Sacktuch hervor, schneuzte sich zunächst mal kräftig hinein – um darzulegen, daß er tatsächlich nur ein ganz simples Sacktuch da in Händen halte, mit dem man keineswegs zaubern könne – und demonstrierte dann an Hand dieser eindeutigen und nicht wegzuleugnenden Materie das scheinbar Unbegreifliche.

»Dies ist Gott der Vater«, unbekümmert hielt er einen Zipfel empor, »und dies ist der Sohn, und dies der Heilige Geist«, zwei weitere Zipfel folgten, »und doch sind alle drei – Eins!« Triumphierend entfaltete nun Pastor Berkholz vor der staunenden Gemeinde das dreigeteilte und doch eine Sacktuch.

Bei den vielen Kindstaufen konnte es zuweilen geschehen, daß der mit Säuglingen nicht so vertraute Pastor die Sache nicht ganz genau nahm, bis er, von einer händeringenden Mutter beschworen, sachlich und unbeirrt am Schluß doch alles zum Guten lenkte: »Und dieses Mädchen ist ein Junge!«

Pastor Berkholz stand mit beiden Füßen auf der Erde, am liebsten auf festem Waldboden. Obgleich das Pastorat nicht weit vom Strande entfernt lag, war ihm das Meer nicht geheuer; nie hat er sich einem Dampfer oder gar einem Fischerboot anvertraut. »Auf dem Wasser«, so meinte er, »ist man allzu sehr in Gottes Hand.«

Wenn es aber darauf ankam, kannte er keine Furcht. Und so hat auch Pastor Berkholz, als unerschrockener Bekenner und Diener Gottes, in den Revolutionswirren seine Gemeinde nicht verlassen und, wie so viele seiner livländischen Amtsbrüder, den Märtyrertod erlitten. Nicht nur als Seelsorger, sondern auch in allen weltlichen Dingen, als tüchtiger Landwirt und Viehzüchter, war er ein treuer Berater seiner Gemeindekinder. Und kam jemand in der Not zu ihm, so konnte er die letzte Kopeke aus seiner nie vollen Kasse und seinen eigenen Gaul für die Feldarbeit hergeben.

Aber wie hilfsbereit und gutmütig er sonst auch war – als leidenschaftlicher Nimrod verstand er keinen Spaß. In diesem Punkt war er unerbittlich. Wer ihm in seinem Jagdrevier in die Quere kam, der konnte etwas erleben. Vor nichts schreckte der jagdbesessene Gottesstreiter zurück: weder vor der Kugel des Wilddiebes noch vor dem Zorn seines mächtigen Patronatsherrn, des alten Barons Recke. Auch wenn es sich nur um einen armseligen Hasen handelte, den »Pastoratshasen«, dessen Abschuß seit alters her dem jeweiligen Pastor des Kirchspiels zustand.

Von diesem Pastoratshasen und dem erbitterten Kampf, den er entfesselte – zunächst gegen den Patronatsherrn und dann gegen einen berüchtigten Wilddieb –, soll hier wahrheitsgetreu berichtet werden.

## II

Zum Pastorat gehörte ein auch für die damaligen Verhältnisse in Livland beträchtlicher Wald, der mit den ungeheuren Majoratswäldern derer von der Recke zusammenhing. Auf diesem Wald ruhte ein altes Servitut, laut welchem der jeweilige Pastor hier nach Belieben schlagen und seinen Holzbedarf decken durfte. Auch war es seit Menschengedenken Brauch, daß der Pastor von seinem Patronatsherrn zu Martini und zu Weihnachten, und auch sonst manchmal nach großen Jagden, einen fetten Hasen erhielt – eben den »Pastoratshasen«, auf den er zwar keinen juristisch fundierten Rechtsanspruch besaß, der aber mit der Zeit durch den alten Brauch doch zu einem Teil des verbrieften Holz-Servitutes geworden war.

Schon der Großvater von Pastor Berkholz, der alte Propst – auch ein gewaltiger Nimrod vor dem Herrn –, hatte mit stillschweigender Einwilligung seines Patronatsherrn, eines Duzfreundes von der Dorpater Studentenzeit her, ungeniert mit seiner Meute gejagt und sich seinen Pastoratshasen selber aus den Wäldern geholt. Da auf der Jagd mit Hunden die Grenzen nie so genau eingehalten werden konnten, brachte er wohl gelegentlich auch einen »Majoratshasen« zur Strecke. Im Grunde war es ja völlig gleichgültig, ob dieser sogenannte »Pastoratshase« auch wirklich im Pastoratswalde beheimatet war. Auf die

paar Hasen kam es einem Herrn von der Recke natürlich nicht an.
Der schon zu einem Gewohnheitsrecht gewordene Brauch wäre ohne Zweifel auch vom neuen Patronatsherrn respektiert worden, wenn sich nicht zwischen diesem und dem Pastor allerlei Spannungen und Gegensätze entwickelt hätten, die schließlich zu einem offenen Bruch führten. Schuld an dem Zerwürfnis hatten wohl beide.
Der alte Baron Recke war ein höchst eigenwilliger Herr, der unbekümmert seinen Passionen lebte, die hauptsächlich der Jagd, dem Trunk und dem weiblichen Geschlecht galten. Er duldete keinen Widerspruch und erst recht keine geistlichen Vorhaltungen oder gar frommen Ermahnungen.
Aber auch Pastor Berkholz war ein unbeugsamer Querkopf, kein gefügiger Duckmäuser. Er nahm kein Blatt vor den Mund und pflegte selbst dem mächtigen Patronatsherrn unverblümt seine Meinung zu sagen, wenn dieser im Trunk sich wieder einen tollen Streich geleistet hatte oder allzu offenkundig seinen unzähligen Liebschaften nachgegangen war. Alle beide waren aus dem gleichen knorrigen Holz geschnitzt, das im alten Livland wuchs und das im Lauf der Jahrhunderte

so viele streitbare Dickschädel, absonderliche Eigenbrötler und schrullige Käuze hervorgebracht hat.
Schon als Studenten hatten die beiden miteinander »gekabbelt«, wie man das im alten Dorpat nannte, und waren sogar auf der Mensur gegeneinander losgegangen, wobei der junge Theologe seinen künftigen Patron mit einem gewaltigen Hieb fast ins Jenseits befördert hätte. Und das vergaß der alte Recke nicht. Zwar hatte er seinen Dorpater Duzfreund in sein Kirchspiel berufen, aber nicht, um sich vor ihm in Demut zu beugen, sondern ganz im Gegenteil: um ihn seine Macht als Majoratsherr fühlen zu lassen.
Doch das gelang ihm nicht. Auch seinem Patronatsherrn gegenüber krümmte der aufrechte Gottesstreiter nicht den Rücken, so daß es zu einer erbitterten Fehde zwischen den beiden halsstarrigen Männern kam.
Und den ersten Anlaß zu diesem Kampf gab der Pastoratshase.
Eines Morgens, als Pastor Berkholz seinem Patron, nach durchzechter Nacht, mit kräftigen Worten wieder ins Gewissen geredet hatte, erklärte dieser verärgert, daß der Pastor zwar alljährlich wie bisher zu Martini und Weihnachten

seinen fetten Pastoratshasen geliefert bekomme, daß er aber nicht das Recht habe, ihn eigenmächtig zu erlegen und mit seiner Meute in den Majoratswäldern zu jagen. Er sei Pastor und nicht Jäger und habe sich mit geistlichen Dingen und nicht mit weltlichen Hasen zu befassen. Das Jagdrecht dürfe nach altlivländischem Recht nur der Grundherr ausüben – und das sei er, der Majoratsherr und Patron, und nicht der Pastor. Der leidenschaftliche Nimrod im Talar berief sich wiederum auf das Servitut, auf den jahrhundertealten Brauch, auf seinen Großvater, den alten Propst, der seinen ihm zustehenden Pastoratshasen stets selbst abgeschossen habe.

Es kam zu einem langwierigen Prozeß, der kein Ende nahm, von einer Instanz zur andern ging und schließlich vom Kaiserlichen Senat in Sankt Petersburg niedergeschlagen wurde mit dem Vermerk, »daß man sich hierorts mit solchen Bagatellen wie einem Pastoratshasen unmöglich befassen könne«, man verweise deshalb den umstrittenen Hasen an das Bezirksgericht in Riga. Doch die beträchtlich angeschwollenen Akten kamen vom Kaiserlichen Senat in Sankt Petersburg nicht nach Riga zurück. Wahrscheinlich hatten sie sich in irgendeine entlegene Kanzlei

des weiträumigen Zarenreiches verirrt und gingen spurlos verloren.
So verlief der Prozeß im Sande, aber der Kampf um den Pastoratshasen ging um so heftiger weiter. Da weder der Buschwächter noch der russische Urjadnik (Landpolizist) es wagten, dem gewalttätigen Gottesdiener seine Schrotflinte abzunehmen, erlegte dieser unbekümmert alljährlich seinen Pastoratshasen.
Das steigerte natürlich nur die Wut des alten Baron Recke, der eines Sonntags seinen Zorn nicht länger beherrschen konnte, und zwar während des Gottesdienstes mitten in der Predigt.
Der Patronatsherr besuchte nur selten die Kirche – man bekäme dort nur Läuse und Flöhe, meinte er, auch könne er den Gestank der Kullen nicht vertragen –, aber an hohen Fest- und Feiertagen mußte er sich doch die Predigt seines Gegners, wenn auch widerwillig, anhören. Steif und verdrossen saß er dann da, in seinem wappengeschmückten Patronatsgestühl dicht unter der Kanzel, die schwarzbehandschuhten knöchernen Hände auf den Elfenbeinknauf seines Stockes gestützt, und starrte, wenn er nicht gerade eingenickt war, mit einem hämisch-überlegenen Lächeln zum verhaßten Kanzelredner empor.

An jenem verhängnisvollen Sonntag predigte Pastor Berkholz über das Wunder von der Speisung der Fünftausend mit fünf Broten. Vielleicht durch das spöttische Lächeln seines Patronatsherrn irritiert, versprach er sich dabei und erklärte, daß Christus mit fünftausend Broten fünf Hungernde gespeist habe.

Da brummte der alte Recke, so daß der Pastor es deutlich hören konnte: »Das kann ich auch.«

Nach dem Gottesdienst stellte Pastor Berkholz den Majoratsherrn zur Rede: wie er so etwas behaupten könne?

»Du hast dich versprochen, mein Lieberchen«, sagte der alte Recke. »Mit fünftausend Broten ist es kein Wunder, fünf Kullen zu speisen – ich könnte das jedenfalls! Statt Hasen zu jagen, solltest du deine Predigten besser vorbereiten und die Bibelworte nicht verdrehen.«

Das ärgerte natürlich den Pastor sehr, und um seinen Irrtum wiedergutzumachen, kam er am nächsten Sonntag noch einmal auf das Wunder zu sprechen.

Der alte Recke saß wie ein strenger Richter, boshaft lächelnd, im Patronatsgestühl und lauschte aufmerksam jedem Wort der Predigt, in der Hoffnung, seinen Gegner nochmals auf

irgendeinem Fehler zu ertappen und ihn durch einen Zwischenruf aus der Fassung zu bringen.
Doch diesmal versprach sich Pastor Berkholz nicht und sagte ganz richtig: Fünftausend Mann und fünf Brote.
Aber der alte Recke schüttelte wieder mißbilligend den Kopf, räusperte sich laut und brummte abermals mit knarrender Stimme: »Das kann ich auch!«
Nach dem Gottesdienst stürmte Pastor Berkholz mit fliegendem Talar auf seinen alten Widersacher los.
»Wie kannst du das behaupten? Diesmal habe ich mich nicht versprochen.«
»Mein Lieberchen«, erwiderte dieser grinsend, »vom letzten Sonntag sind mir ja noch so viele Brote übriggeblieben!«
Da riß dem erzürnten Pastor die Geduld.
»Schämst du dich nicht, du alter Sünder, den Gottesdienst zu stören?! Falls du dein schamloses Lotterleben noch weiter fortsetzen und es wagen solltest, als unbußfertiger Sünder noch einmal die Kirche zu betreten und mich während der Predigt so respektlos anzugrinsen, dann werde ich dich hier in der Kirche, öffentlich vor der ganzen Gemeinde, brandmarken.«

Sprach's, ließ den verdutzten Patronatsherrn stehen und verschwand in der Sakristei.
Der alte Recke erzählte lachend die lustige Geschichte, wie er den Pastor geärgert habe, ohne dessen Drohung auch nur einen Augenblick ernst zu nehmen. So sprach es sich in der ganzen Gemeinde herum, und jeder sah dem nächsten Sonntag mit Spannung entgegen.
Jetzt hatte der Kampf zwischen den beiden seinen Höhepunkt erreicht, jetzt ging es nicht mehr um den Pastoratshasen, sondern um die Autorität des Patronatsherrn und des Pastors: Wer wird in diesem Kampf siegen? Wer unterliegen? Der mächtige Majoratsherr – oder der unerschrockene Gottesstreiter?
Zum Kampf herausgefordert, mußte der alte Recke, zwar widerwillig, auch am dritten Sonntag zum Gottesdienst in die Kirche.
Er, der Patronatsherr, sollte seine »Sünden beichten«?! Seinen ungezählten Amouren entsagen? Er dachte gar nicht daran. Er, der Patronatsherr, sollte nicht die Kirche betreten, nicht auf seinem wappengeschmückten Patronatsgestühl sitzen und grinsen dürfen, wie es ihm beliebte?! Jetzt tat er es erst recht.
Stolz erhobenen Hauptes schritt er, von allen

Seiten ehrerbietig gegrüßt, durch das Kirchenschiff, nahm im Patronatsgestühl Platz, stützte, steif und aufrecht sitzend, die schwarzbehandschuhten Hände auf den Elfenbeinknauf seines Stockes und hob mit einem spöttischen Lächeln sein Haupt zur Kanzel empor.

Dort oben stand er, sein Widersacher, die Stirn über die Bibel geneigt, und verharrte noch in stummer Andacht, während der letzte Vers des Chorals verhallte.

Dann trat völlige Stille ein. Alles lauschte gespannt; der entscheidende Augenblick war gekommen.

Pastor Berkholz hob den Kopf, schleuderte einen vernichtenden, zornsprühenden Blick auf den tief unter ihm sitzenden Patronatsherrn und rief mit donnernder Stimme wie zum Jüngsten Gericht: »Recke, Recke, alter Sünder! . . .«

Der Patronatsherr erstarrte, wie vom Schlag getroffen, umkrampfte in ohnmächtiger Wut den Knauf seines Stockes, und über der ganzen Gemeinde lag ein atemloses Schweigen.

Dann, nach einer kleinen Kunstpause, fuhr der Pastor unbekümmert im Text seiner Predigt fort: ». . . recke deine Hände zu den Bergen empor, von denen das Heil kommt, ruft uns der Psalmist zu . . .«

Nach der Predigt verließ der alte Recke fluchtartig die Kirche, die er nie mehr betrat. Wieder hatte der Pastor ihn abgeführt – der Hieb saß und war schmerzlicher als jener auf der Mensur, weil er den »alten Sünder« der Lächerlichkeit preisgegeben hatte.

Der Patronatsherr hat seine Niederlage nicht lange überlebt; im Herbst darauf starb der »alte Sünder«, ohne seine Sünden gebeichtet und wahrscheinlich auch ohne sie bereut zu haben. Er starb gerade zu Martini, als der siegreiche Pastor mit einem fetten Hasen von der Jagd heimkehrte. Doch der Kampf um den Pastoratshasen ging weiter. Nur daß an Stelle des geschlagenen Patronatsherrn jetzt ein viel gerissenerer Gegner dem streitbaren Nimrod im Talar zu schaffen machte: der berüchtigte Wilddieb Skuje.

## III

Skuje, ein sogenannter »Lostreiber«, der als Taglöhner arbeitete, war Dachdecker von Beruf und nebenbei – oder, wenn man es genauer nimmt, im Hauptberuf – mit Leib und Seele ein Wilddieb. Das war allgemein bekannt. Doch er betrieb das Wildern mit so großem Geschick, daß ihm nichts nachgewiesen werden konnte und er sich nie auf frischer Tat ertappen ließ. Der ständige Ortswechsel kam ihm dabei sehr zustatten; mal arbeitete er hier, mal dort, mal knallte es hier, mal dort – aber immer wenn die Buschwächter auf der Bildfläche erschienen, war nichts von ihm zu entdecken. Zwar war er mehrfach von einer Kugel getroffen worden: das rechte Auge wurde ihm ausgeschossen, das linke Bein durchlöchert – doch erwischt hatte man ihn nie. Es hieß, daß er sich im Walde jederzeit in einen Wacholder verwandeln könne, daß er im Grunde ein Gespenst, ein unsteter Waldgeist sei, der sich jedem Zugriff entzog und sich – auch wenn man ihn schon von allen Seiten umstellt hatte – wie Nebel in nichts auflöste. Aber als tüchtiger Dachdecker war er unentbehrlich. Er schielte zwar mit dem einen übriggebliebenen Auge und hinkte auf einem Bein; doch keiner verstand es so gut wie er, schadhafte Dächer mit Schindeln auszubessern oder neu zu decken.

Nun waren unglücklicherweise die Dächer im Pastorat schon längst baufällig geworden, so daß Pastor Berkholz Skuje hatte kommen lassen müssen, um sie mit neuen Schindeln zu decken. Der

Pastor glaubte damit ein gutes Werk zu tun und durch die Arbeit und den Verdienst den alten Wilddieb in ein geregeltes und gottgefälliges Leben zu lenken. Denn da er ja selbst ein leidenschaftlicher Jäger war, so hatte er für den alten Wilddieb Verständnis und eine heimliche Zuneigung.

Skuje hämmerte also die ganze Woche vom frühen Morgen bis spät in den Abend auf dem Dach des Pastorats; es war ein reines Vergnügen, ihm zuzuschauen, wie flink und ordentlich er die neuen Schindeln aneinander reihte. Aber am Sonnabend machte er Schluß – und war bis Montag früh spurlos verschwunden. In die Kirche, zum Gottesdienst, kam er nie. Wo trieb er sich umher?

Als Pastor Berkholz ihn eines Tages zur Rede stellte, warum er nicht in die Kirche komme, gab der alte Skuje, hoch oben rittlings auf dem Giebel sitzend, grinsend zur Antwort: »Wenn man wie ich die ganze Woche so nahe vom lieben Gott schon fast im Himmel sitzt, dann braucht man nicht sonntags auch noch die harte Kirchenbank zu drücken.«

»Und wo treibst du dich dann am Sonntag umher?«

»Mal hier, mal da – wohin mich die Füße tragen!«
Mehr sagte er nicht. Dann hämmerte er wieder munter auf die Schindeln los, daß es bis zur Kirche schallte.
Aber am nächsten Sonntag schallte noch etwas anderes bis in die Kirche hinein, mitten in die Predigt des Pastors: ein Schuß, ein unverkennbarer Schuß aus dem nahen Pastoratswalde. Nur mit äußerster Selbstbeherrschung konnte Pastor Berkholz die Predigt beenden. Er hatte grade das Wunder von Kana mit dem einleuchtenden Hinweis erklärt, daß der Herr auch heute noch kein geringeres Wunder vollbringe, wenn er Korn und Kartoffeln, die keinerlei Rausch bewirken, in starken Branntwein verwandle. Noch ganz erfüllt von diesem göttlichen Wunder, mußten seine Gedanken plötzlich wieder zum Pastoratshasen abschweifen, und ein fürchterlicher Verdacht stieg in ihm auf: wie – wenn dieser Skuje?! ...
Noch tremolierte der Küster auf der Orgel die Schlußakkorde des Chorals, als Pastor Berkholz schon in die Sakristei stürzte, schnell den Talar abwarf, das geistliche Gewand mit dem des Nimrods vertauschte und in Lederjoppe und

Wasserstiefeln, die alte Schrotflinte in der Hand, in den Wald eilte.

Aber weder vom Pastoratshasen noch vom Wilddieb war eine Spur zu entdecken.

Dieses schreckliche Knallen wiederholte sich nun fast jeden Sonntag, und immer ausgerechnet während des Gottesdienstes.

Da ließ Pastor Berkholz eines Abends den alten Skuje zu sich in die Studierstube kommen.

Barhäuptig, die speckige Schirmmütze in der schwieligen Hand, auf bloßen Füßen, stand der Wilddieb da, in unterwürfiger Haltung, aber mit einem starren, undurchdringlichen Blick seines schielenden Auges.

Natürlich leugnete er alles. Er wisse von nichts. Zwar habe auch er die Schüsse gehört, Buschwächter und Wilddiebe gäbe es genug, die grade am Sonntag jagen. Aber zum Schießen brauche man eine Flinte. Und wie käme er, ein armer Dachdecker, zu einem Gewehr?!

»Und hast du denn noch niemals einen Hasen geschossen?«

Der alte Skuje drehte verlegen seine Schirmmütze hin und her. Nach einigem Zögern gestand er mit einem verschmitzten Lächeln: »Nun, die Wahrheit zu sagen, weil ich doch den Herrn

Pastor nicht belügen kann – in jungen Jahren habe ich wohl dann und wann einen Baronshasen geschossen, wenn er mir vor den Lauf kam. Damals hatte ich eine Flinte. Aber das ist schon lange her.«

»So, so – einen Baronshasen! Und wie erkennst du denn, ob es ein Baronshase oder ein Pastoratshase ist?«

»Nun, die Pastoratshasen sind doch fetter!«

»Fetter?!«

»Weil sie im Pastoratsgarten mehr zu fressen haben, Kohl und Rüben.«

»Du hast also noch nie einen fetten Pastoratshasen geschossen?«

»Wie käme ich dazu? Die Pastoratshasen gehören doch dem Herrn Pastor, sozusagen dem lieben Gott. Nur der Herr Pastor darf sie schießen.«

»Und die Baronshasen, meinst du, darfst du ungeniert holen? Aber in der Bibel heißt es doch: Du sollst nicht stehlen!«

»Und wo steht in der Bibel, daß alle Hasen und der ganze Wald nur den Baronen gehören? Der Herr Baron hat so viele Hasen, daß er sie gar nicht zählen und erst recht nicht alle selber schießen kann. Da kommt es nicht so darauf an, wenn auch unsereiner sich mal einen aus dem Walde holt! Aber einen Pastoratshasen – das wäre Sünde. Und versündigen soll man sich nicht, ganz besonders nicht am Sonntag, wenn der Herr Pastor predigt . . .«

Nein, aus dem alten Wilddieb war nichts herauszubekommen. Mit einem unschuldigen, fast kindlichen Lächeln stand er demütig da, die Schirmmütze in seinen gekrümmten, krallenartigen Händen. Aber sein schielendes Auge wanderte unruhig hin und her und wich dem forschenden Blick des Seelsorgers scheu aus. Dann bückte er sich tief, küßte ehrerbietig den Ärmel des Pastors und entfernte sich, das linke Bein hinkend nachziehend, auf seinen bloßen Füßen.

Die nächsten Sonntage konnte Pastor Berkholz ungestört den Gottesdienst abhalten: kein Schuß fiel. Bis sich etwas ereignete, was alle bisherigen Jagdfrevel des frechen Wilddiebes in den Schatten stellte.

Gleich nach dem Gottesdienst – es war schon Winter geworden, in der Nacht hatte es geschneit, so daß die frischen Hasenspuren gut auszumachen waren – begab sich der unermüdliche Nimrod wie jeden Sonntag mit seiner Meute in den Wald, um für Weihnachten den fälligen

Pastoratshasen zu schießen. Die Hunde schlugen bald an, das »Skrauja«, das Geläute der Bracken hallte fast noch herrlicher als das Glockengeläute der Kirche hell und munter durch den verschneiten Wald.

Pastor Berkholz eilte freudig erregt zum nahen Wechsel, wo am Waldrand auf einer schmalen Lichtung zwischen Birken und Wacholdergestrüpp der Hase, der einen kleinen Haken geschlagen hatte, bald auftauchen und spitz auf ihn zulaufen mußte.

Aber bevor der Pastor in seinen schweren Wasserstiefeln den Wechsel erreicht hatte, knallte ein Schuß; und als er endlich atemlos an der Lichtung anlangte, fand er nur noch etwas Schweiß und Hasenwolle auf dem Schnee – und die Fußstapfen einer Männerspur, die ins Dickicht führte: der dreiste Wilddieb war ihm zuvorgekommen und hatte den Hasen vor seiner Nase abgeknallt!

Der mit Recht empörte Pastor folgte der Spur kreuz und quer durch den tiefverschneiten Wald bis zum Hochmoor, wo sie sich auf der glattgefegten Schneekruste verlor. Ein heftiger Schneesturm setzte ein. Manchmal glaubte der immer noch wütend hin und her irrende Pastor eine dunkle Gestalt im Schneetreiben zu erkennen; wenn er aber keuchend näher kam, war es nur eine Krüppelkiefer oder ein Wacholderstrauch. Der verhexte Wilddieb war mit seiner Beute, dem Weihnachtshasen, wieder spurlos verschwunden, als hätte das Moor ihn verschluckt oder als hätte er sich tatsächlich in einen Wacholder verwandelt.

Doch Pastor Berkholz hatte die Spur erkannt. Ganz deutlich zeichneten sich die langgezogenen Fußstapfen des hinkenden linken Beines im Schnee ab.

Am nächsten Tage ließ der entrüstete Pastor den unverschämten Wilddieb wieder zu sich in die Studierstube kommen, nahm ihn gehörig vor und redete ihm ins Gewissen – doch Skuje leugnete beharrlich jede Schuld.

»Du alter Gauner!« fuhr der ergrimmte Seelsorger ihn an. »Denk an dein Seelenheil! Glaubst du, daß Petrus dich einmal in den Himmel lassen wird, wenn du dein Unrecht nicht gestehst? ›Skuje‹, wird er sagen, ›du hast deinen Pastor angeschwindelt, der dir so viel Arbeit und Verdienst gegeben hat. Du hast ihm seinen Hasen weggeschossen!‹ Oder glaubst du, daß der Herrgott es nicht gesehen hat? Jede deiner Untaten

ist ihm bekannt. Die Buschwächter, den Pastor kannst du an der Nase herumführen – aber den Herrgott nicht. Der sieht dich auch im dicksten Dickicht, sogar im tollsten Schneetreiben auf dem Moor, dem kannst du nicht davonlaufen! ›Skuje‹, wird Petrus sagen, ›dich soll der Satan holen! Für dich ist kein Platz im Himmel – falls du nicht die Wahrheit sagst!‹«
Doch der verstockte Wilddieb ließ sich weder durch Petrus noch durch den Teufel erweichen. Hartnäckig schüttelte er den Kopf und beteuerte immer wieder seine Unschuld: den Pastoratshasen habe er nicht geschossen. Dabei blieb er. Dann ging er.
Bis schließlich auch seine Stunde schlagen sollte.

Es war wieder Frühling geworden, Skuje hämmerte auf dem Dach. Als er beim Abstieg auf die Leiter treten wollte, rutschte er aus und stürzte in die Tiefe, wo er wie tot liegenblieb.
Man trug ihn ins Pastorat, wo Pastor Berkholz den Schwerverletzten wie sein eigenes Kind pflegte, ihm aber den letzten Segen verweigerte. »Nein, Skuje, wenn du deine Sünden nicht bekennst und bereust, dann kann der Herr dir auch nicht vergeben. Der Herrgott läßt nicht

mit sich spaßen. Da siehst du es selbst: keinen Spatz läßt Er vom Dach fallen; aber dich hat Er am Schlafittchen gepackt und hinuntergeschmissen! Und jetzt kommst du unter die Erde, wo dich die Würmer fressen werden, und noch viel tiefer bis in die Hölle – wenn du deine Sünden nicht gestehst!

Und du willst in den Himmel?! ›Skuje‹, wird Petrus sagen, ›dein Lebtag hast du dich nicht um dein Seelenheil gekümmert, hast das Wort Gottes nicht gehört und statt dessen jeden Sonntag gewildert. Glaubst du, daß du den Herrgott begaunern und mit dem gestohlenen Hasen in den Himmel schlüpfen kannst? Nein, mein Lieberchen, mit dem Hasen laß ich dich nicht hinein, den mußt du deinem Pastor abgeben und ihm deine Sünden bekennen!‹

Skuje, noch ist es Zeit. Aber einmal ist auch die Geduld des Herrgotts zu Ende. Und dann ist es zu spät. Und du mußt in alle Ewigkeit in der Hölle schmoren! Eine Ewigkeit – weißt du, was das ist? Das ist kein Spaß: eine Ewigkeit heulen und mit den Zähnen klappern! Überleg es dir.«

Lange sträubte sich der alte Wilddieb, wand sich in Todesängsten, beschwor seine Unschuld.

Aber der Diener Gottes blieb unerbittlich.

Jedesmal wenn Skuje nach dem Kelch greifen wollte, hielt er ihm das Kreuz entgegen.
»Und der Hase?!«
Sterbend gestand der Wilddieb.
Da reichte ihm Pastor Berkholz, wenn auch schweren Herzens, den Kelch.
»Deine Sünden sind dir vergeben!«

## DIE SANFTE UND DIE MÄCHTIGE TANTE

### I

Als die Welt noch voll wunderlicher Tanten war, geschahen auch noch wunderliche Dinge, die man heute nicht mehr erlebt. Damals, in der sagenhaften Vorkriegszeit der Jahrhundertwende, gab es bei uns im alten Livland zwei Arten von Tanten: die stillen und die geräuschvollen.

Die stillen, rastlos tätigen Tanten waren den ganzen Tag unermüdlich mit klapperndem Schlüsselbund auf den Beinen und saßen abends strickend, häkelnd oder auch Patience legend im milden Schein einer weißen Alabaster-Petroleumlampe auf dem Sofa. Von diesen stillen Tanten ging einfach durch ihr Da-Sein eine immerwährende sanfte Wärme aus, die das ganze Haus mit jener Atmosphäre friedlichen Behagens und tiefer Geborgenheit durchdrang, von der wir uns heute in all dem Spektakel und Gehetze überhaupt keine Vorstellung machen können.

Nun wäre aber ein solches eintöniges Leben sogar den stillen Tanten auf die Dauer unerträglich langweilig geworden, wenn nicht die andere Art von Tanten dann und wann für ein wenig Abwechslung gesorgt hätte.

Diese anderen, mehr oder weniger geräuschvollen Tanten pflegten oft nur für kurze Zeit aufzutauchen und ebenso plötzlich wieder zu verschwinden. Meist kamen sie aus dem Auslande, aus Baden-Baden, Nizza oder Marienbad, äußerten seltsame und gewagte Ansichten, lachten, lärmten und wirbelten viel Staub auf.

Tante Betty gehörte zu den »stillen« Tanten, Tante Sascha zu den »geräuschvollen«. An beide kann ich mich noch gut erinnern. Tante Betty war klein und zart, trug ein schwarzes Seidenhäubchen, hatte rosa Bäckchen wie ein Kind, und ihr ganzes Wesen war von einer solchen sanften Güte, daß Onkel Gottliebchen von ihr behauptete: »Vor Betty kann man nur knien.« Diese Worte machten damals einen tiefen Eindruck auf mich. Aber zu meiner großen Enttäuschung habe ich weder den Onkel noch sonst jemand vor Tante Betty knien gesehen.

Tante Sascha dagegen war groß und mächtig in jeder Beziehung, ihr Vater war 1870/71 kommandierender General gewesen, sie sprach »reichsdeutsch«, mit scharfem preußischem Akzent, und so war es nicht verwunderlich, daß sie auch selbst die Neigung hatte, zu kommandieren. Und doch hat die stille, sanfte Tante Betty über die mächtige Tante Sascha gesiegt, so daß diese ihr das Feld räumen mußte.

Aber bevor ich davon berichte, möchte ich – sozusagen als »Sakuska« (Imbiß) vor dem Hauptgericht – eine andere kleine Geschichte von den beiden Tanten auftischen, die sich zwar viel später zugetragen hat und daher eigentlich an den Schluß dieser Erzählung gehört. Aber warum soll man immer alles der Reihe nach berichten?! Auch uns Kindern haben ja die Tanten ihre Geschichten nicht hübsch der Reihe nach erzählt, sondern wie es grade kam. Erst als wir älter wurden, haben wir nach und nach, Stück für Stück, die ganze Geschichte von Großonkel Woldemar und den beiden Tanten im Zusammenhang erfahren. Und warum soll es der Leser heute besser haben als wir Kinder damals? Auch er soll sich gedulden, wie wir uns gedulden mußten. Wer aber beim Lesen nur auf Spannung sieht, der mag diese kleine Vorgeschichte (die eigentlich eine Nachgeschichte ist) getrost überschlagen.

## II

In den achtziger Jahren des vorigen Jahrhunderts, als man schon mit der Dünaburger Bahn ins Ausland reisen konnte, mußte Tante Betty irgendein Heilbad im Taunus besuchen. Eines Tages, mitten in der Kur, erhielt sie von Tante Sascha eine Depesche: sie möchte in einer sehr dringenden Angelegenheit sofort nach Mainz kommen.

Tante Betty, zu Tode erschrocken, setzte sich gleich gehorsam in die Bahn. Nach einer stürmischen Begrüßung erfuhr sie, zwar erleichtert, aber nicht wenig überrascht, den Grund, warum Tante Sascha sie so plötzlich nach Mainz gerufen hatte: Großtante Josefine, eine unverheiratete Cousine ihrer Mutter, war in den sechziger Jahren auf einer Reise im Ausland gestorben und hier in Mainz begraben worden. Und Tante Sascha hatte auf einmal den heftigen Drang verspürt, das Grab dieser Tante zu besuchen. Um den Besuch etwas feierlicher zu gestalten, war sie auf den Gedanken gekommen, Tante Betty nach Mainz zu beordern.

Tante Betty, noch ganz erschöpft von der Reise und verwirrt von dem seltsamen Ansinnen, das

Grab der vor vielen Jahren verstorbenen Großtante aufzusuchen, gehorchte natürlich sofort, obgleich es in Strömen goß. Die beiden Damen bestiegen eine Droschke und fuhren vom Bahnhof direkt zum Friedhof. Unterwegs besorgte Tante Sascha einen mächtigen Strauß weißer Rosen; man konnte doch nicht mit leeren Händen das Grab der Tante besuchen.

Auf der Friedhofsverwaltung mußten die Tanten lange warten, bis der Wärter nach emsigem Suchen in den Büchern das Grab feststellte. Und diese Feststellung war niederschmetternd: da schon seit langem sich niemand um Großtante Josefines Grab gekümmert hatte, war es aufgelassen worden – und nun von einer anderen Leiche besetzt! Von der guten Großtante war überhaupt nichts übriggeblieben, nicht einmal ein Kreuz oder Gedenkstein.

Tante Sascha donnerte den armen Friedhofswärter an – aber der konnte ja nichts dafür, und noch weniger vermochte er das Grab mit der nicht mehr vorhandenen Großtante hervorzuzaubern. Dann schritt Tante Sascha, den weißen Rosenstrauß immer noch in der Hand, im strömenden Regen durch den Friedhof. Und Tante Betty folgte ihr ratlos und ein wenig verwirrt.

»Ich will die Rosen auf ein Soldatengrab legen«, sagte Tante Sascha und steuerte mit sicherem Instinkt auf eine Gräberreihe zu, in deren Mitte sich ein Ehrenmal erhob. Vor dem letzten Grab, das etwas abseits lag, blieb sie in stiller Andacht stehen, beugte sich nieder und legte den Rosenstrauß auf den Rasenhügel. Dabei fiel ihr Blick auf das einfache Holzkreuz. Und da las sie:
»*Pierre . . .*«
Es war das Grab eines französischen Kriegsgefangenen, der hier in Mainz gestorben war und neben den deutschen Soldaten seine letzte Ruhe gefunden hatte.
Mit einem energischen Ruck riß Tante Sascha den Rosenstrauß wieder an sich; das Grab des Feindes wollte sie keineswegs schmücken. Da aber meinte Tante Betty sanft, aber bestimmt: auch der Franzose sei hier, wie Großtante Josefine, fern der Heimat, in fremder Erde begraben worden, auch um sein Grab kümmere sich niemand, und deshalb habe gerade er ein besonderes Anrecht auf die Rosen, die für die gute Großtante Josefine bestimmt waren.
Tante Sascha sprach kein Wort. Sie ging, den Rosenstrauß fest in der Hand, auf das nächste Grab zu. Aber dann besann sie sich, kehrte

plötzlich um und erklärte kurz: »Du hast vielleicht doch recht, Betty. Auch er liegt hier in fremder Erde . . .«
So erhielt der Franzose Pierre den weißen Rosenstrauß, der Großtante Josefine zugedacht war: die sanfte Betty hatte über die mächtige Tante Sascha gesiegt!
Aber gerade davon sprach Tante Betty nie. Das war nicht ihre Art. Auch wenn sie uns Kindern etwas erzählte, blieb ihre eigene Person immer im Hintergrund, so als sei sie selbst gar nicht dabei gewesen.
Und nie hab ich von ihr über irgend jemand ein böses oder auch nur unfreundliches Wort gehört, auch nicht über Tante Sascha, die ihr das Leben gewiß nicht leicht gemacht hat. Wir Kinder mochten Tante Sascha nicht, die uns immer berief.
Wenn wir uns aber bei Tante Betty beklagten, tröstete sie uns mit den Worten: »Ach, Kinderchen, wir alle haben unsere Fehler und Schwächen, sind keine Engel, aber auch keine Teufel, sondern simple Menschen, wie der liebe Gott uns geschaffen hat. Wir sollten ein wenig Nachsicht miteinander haben und uns vertragen!«
Doch Tante Betty irrte sich: sie selbst war ein Engel.

## III

Tante Betty hatte schon früh ihre Eltern durch Typhus verloren, war als arme Waise nach Karkus gekommen und von Großtante Josefine aufgezogen worden, die ihrem unverheirateten Bruder, Großonkel Woldemar, die Wirtschaft führte. An Großonkel Woldemar kann ich mich noch gut erinnern und sehe ihn noch vor mir: wie er im Rollstuhl auf der Veranda saß, die lange Pfeife in der mächtigen behaarten Hand und Laika, die alte Jagdhündin, zu seinen Füßen. Auch an seine Beerdigung kann ich mich entsinnen, wie Bogdan, der Kutscher, mit Schamyl, dem gesattelten Reitpferd, hinter dem Sarge herging und der Piqueur und die Buschwächter mit den gekoppelten Jagdhunden folgten.

Dieser Großonkel, der uns Kindern immer ein wenig unheimlich gewesen war und über den wir in der Gesindestube manches aufschnappten, was sich die Leute von ihm erzählten, beschäftigte uns viel. Abends, wenn wir um den runden Tisch mit der brennenden Petroleumlampe saßen, jeder mit einer Handarbeit beschäftigt, quälten wir Tante Betty so lange, bis sie uns vom Großonkel und seinen vielen Pferden und

Hunden irgendeine lustige Geschichte erzählte. Und mit der Zeit, als wir größer wurden, erzählte sie uns auch noch von vielen anderen Dingen, die sich in Karkus, lange vor unserer Geburt, zugetragen hatten.

Ich will versuchen, das, was Tante Betty uns Kindern damals erzählte, mit ihren eigenen Worten wiederzugeben, so gut ich es vermag.

»Ach, Kinderchen, was soll ich euch schon wieder erzählen? Die alten Geschichten kennt ihr ja, und neue fallen mir nicht ein. Im Alter kaut man doch nur seine Erinnerungen wieder. Nun, davon hab ich genug – einen ganzen Sack voll –, da kann ich bis an mein Lebensende kauen! Was wollt ihr denn heute hören?«

Jeder von uns hatte natürlich seine besonderen Wünsche, und so schrien wir durcheinander: »Wie Großonkel Woldemar den Bären schoß! Die Geschichte vom Viererzug, und wie Bogdan dem Kaiser erklärte: Nein, den Viererzug verkaufen wir nicht! Von Schamyl, Mirabel und wie Tante Sascha auf der Brettdroschke fortfahren mußte! Und wie Laika neben dem Großonkel bei Tisch saß, eine Serviette um den Hals, und ihr Mittagessen vom Diener serviert bekam!

Erzähl! Erzähl! Und wie du zum ersten Mal nach Karkus gekommen bist und dir beim Pfeifenstopfen die Finger verbranntest! . . .«

»Ach, Kinderchen, mein Kopfchen ist schwach, ich weiß gar nicht, wie und wo ich anfangen soll! Als ich zum Großonkel und der Großtante nach Karkus kam, war ich noch ein Dummerchen, ein Duttchen. Natürlich hatte ich furchtbare Angst vor dem fremden Onkel, von dem man sich die schrecklichsten Dinge erzählte.

Aber die Großtante hatte mir gleich erklärt: ›Der Onkel ist gar nicht so schlimm, wie er tut. Nur eins verträgt er nicht: du darfst keine Angst haben. Und wenn du Angst hast, darfst du dir nichts anmerken lassen!‹

Und Angst hatte ich, das könnt ihr euch denken, eine gehörige Angst, als ich zu ihm hineingeführt wurde, meinen Knicks machte und seine dunkelbehaarte Hand küßte . . . Nun, ihr habt ihn ja nur im Rollstuhl gekannt, als alten, kranken Mann. Und so könnt ihr euch gar nicht vorstellen, wie er damals aussah: wirklich zum Fürchten – ein Riese mit struppigem Schnauzbart und gewaltigen Pranken, die nicht wie Hände, sondern wie Schaufeln aussahen. Und was für Bärenkräfte hatte er! Ich selbst habe es

einmal gesehen, wie er zwei Bracken, die sich ineinander verbissen hatten, mit einem Griff hoch in die Luft hob, schüttelte, auseinanderriß und dann wie leere Mehlsäcke fortschleuderte! Und einmal – ich saß neben ihm im Jagdwagen, er kutschte sich ja immer selbst – scheuten die jungen Füchse, und wir rasten in voller Fahrt den steilen Berg beim Großen Krug zur Mühlenstauung hinunter, wobei die Leine sich im Vorderrad verwickelte. Da griff der Großonkel ganz einfach mit der rechten Hand in die Speichen, hielt das Rad fest, wickelte mit der Linken die Leine los und brachte die Pferde zum Stehen.
Seine Stimme war nicht laut, aber so, daß es keine Widerrede gab. Seine Augen sahen alles, auch das, was hinter seinem Rücken geschah. Sein Blick ging durch und durch. Wenn er mich bloß ansah, fing ich an zu zittern.
Ach, Kinderchen, natürlich hatte ich Angst vor ihm, durfte es aber nicht zeigen. Gleich am ersten Abend stellte er mich auf die Probe. Ich sollte seine Pfeife stopfen, eine seiner langen, bis auf den Fußboden reichenden Pfeifen, die er nach dem Essen zu rauchen pflegte. Zu diesem Zweck mußte ich mich vor ihm hinknien, den Pfeifenkopf stopfen, mit einem Fidibus entzünden

und mit dem Finger die Glut andrücken. Das tat natürlich weh, aber ich ließ mir nichts anmerken. Später hab ich dazu einen Fingerhut benutzt, so daß ich mir nicht mehr die Finger verbrannte. Man muß sich zu helfen wissen.
Als ich die Probe glücklich bestanden hatte, fragte mich der Großonkel eines Mittags wie beiläufig, ob ich vor Pferden Angst habe?
Obgleich ich nichts Gutes ahnte und mir das Herz bis zum Halse hinaufsprang, nahm ich allen Mut zusammen und versicherte unbekümmert: ›Nein, warum sollte ich mich vor Pferden fürchten?‹
Der Großonkel sah mich prüfend an und lachte dann dröhnend, denn er hatte mir wohl meine Angst angesehen.
Er war ja ein Pferdenarr, man sagte, daß sein ganzes Vermögen in den Stall wanderte, jedenfalls war sein Gestüt nicht nur bei uns im Lande, sondern auch in Petersburg bekannt, und einen schöneren Viererzug als seinen, den er selbst zugefahren hatte, habe ich nirgends gesehen. An Schamyl, den Kabardiner Hengst, den er sich aus dem Kaukasus geholt hatte, könnt ihr euch ja noch erinnern. Doch die Krone, sein Liebling, war Mirabel, eine englische Vollblutstute.

Als man den Großonkel einmal fragte, warum er nicht geheiratet habe, erklärte er lachend: ›Pferde sind mir lieber als Frauen!‹

Ach, Kinderchen, natürlich hatte ich Angst vor den Pferden, und ganz besonders vor Mirabel, die den Stalljungen in den Arm gebissen hatte und nur dem Großonkel parierte. Jedenfalls durfte sonst niemand auf ihr reiten. Und da – stellt euch vor! – als am nächsten Morgen Mirabel dem Großonkel zum Reiten vor die Veranda geführt wurde, rief er mich und sagte: ›So, jetzt zeig, daß du keine Angst hast, setz dich drauf!‹ Mir fiel das Herz in die Knie, aber ich biß die Lippen zusammen. Ohne mich zu besinnen, schwang ich mich von der Verandastufe – sonst wäre ich ja nie hinaufgelangt – auf den Sattel. Mirabel warf mich nicht ab und trabte sogar ein paarmal um den Rasenplatz in die Runde. Natürlich saß ich im Herrensitz, das ging ja nicht anders. Darüber regte sich Großtante Josefine sehr auf, und sie verbot mir das Reiten. Das ärgerte den Großonkel, und auch sonst gerieten die beiden manchmal aneinander.

Nun ja, etwas eigen war der Großonkel schon, er hatte, wie die Großtante es nannte, seine ›Capricen‹ und ›Sottisen‹. Um die Landwirtschaft kümmerte er sich herzlich wenig, und den Viehstall hat er sein Lebtag nie betreten. Außer den Pferden hatte er nur noch eine Passion: das war die Jagd, und zwar nur die Jagd mit Hunden. Jeden Herbst ritt er Parforce, und für diese Parforcejagden hielt er sich eine ganze Meute, gegen zwanzig Bracken, und dazu noch russische Barsois. Und natürlich einen Piqueur. Diese Jagdhunde wurden nur mit rohem Fleisch gefüttert und waren so wild, daß selbst der Piqueur sie kaum bändigen konnte. Aber dem Großonkel parierten sie. Ich habe es selbst einmal gesehen, wie er, die Peitsche in der Hand, mitten in den Zwinger trat und wie sich die Bestien mit gefletschten Zähnen vor ihm duckten.

›Man darf keine Angst haben‹, sagte er. ›Die Bestien fallen nur den an, der sich vor ihnen fürchtet.‹

Und dann, eines Tages, fragte er mich, ob ich den Mut hätte, mit ihm den Zwinger zu betreten und die Hunde zu füttern?

Obgleich mir ganz schwach war vor Angst – das könnt ihr mir glauben –, folgte ich doch dem Großonkel in den Zwinger, wo es abscheulich stank. Ich war froh, als wir wieder heil herauskamen.

Die Großtante hat sich damals sehr darüber aufgeregt. Aber der Großonkel lachte nur. Das waren so seine Späße, an die ich mich mit der Zeit gewöhnte.

Doch Laika, eine kleine Bracke, seine Lieblingshündin, wurde nicht im Zwinger, sondern im Hause gehalten, schlief beim Großonkel und bekam mittags im Speisezimmer aus einer besonderen Porzellanschüssel mit Goldrand und Krone ihr Futter serviert. Mit Laika durfte ich spazierengehen, und wenn der Großonkel verreist war, schlief sie bei mir.

Die Großtante meinte zwar: Hunde gehören nicht ins Haus. Im stillen seufzte sie oft über die ›Hunde- und Pferdewirtschaft‹ des Bruders; er sollte sich mehr um die Landwirtschaft und Viehzucht kümmern, statt so viele unnütze Pferde und Hunde zu halten, die bloß Geld kosteten und nichts einbrächten. Wagte sie aber nur ein Wort zu sagen, geriet der Großonkel gleich aus dem Häuschen; ohne Pferde und Hunde könne er nicht leben, andere Menschen hätten noch ganz andere, viel kostspieligere Passionen – und so blieb alles beim alten.

Nein, leicht hat es die gute Großtante nicht gehabt, denn alles ging ja durch ihre Hände. Sie rackerte sich ab, bis sie nicht mehr konnte, kränkelte, und als sie endlich, auf Verlangen des alten Doktor Gröner, zur Kur ins Ausland reiste, war es zu spät. Sie starb ganz plötzlich am Herzschlag, auf der Durchreise in Mainz, und ist dort auf dem Friedhof begraben. Ach, Kinderchen, nicht einmal im Grab hat die gute Großtante ihre Ruhe gefunden . . .«

Wenn Tante Betty auf den Tod der Großtante zu sprechen kam und wie sie mit Tante Sascha vergeblich ihr Grab gesucht hatte, traten ihr immer Tränen in die Augen, und mit erstickter Stimme wehrte sie unsere Bitten ab, doch noch weiter zu erzählen.

»Nein, Kinderchen, jetzt ist Schluß. Alles, was dann kam, ist so traurig, daß man besser nicht davon spricht. Auch müßt ihr jetzt schlafen gehen. Morgen ist auch ein Tag. Und wenn ihr brav seid, erzähl ich euch morgen eine andere Geschichte!«

Dann half kein Bitten und Betteln: wir mußten ins Bett. Aber grade dies war das Schöne an Tante Bettys Geschichten, daß sie nie ein Ende hatten, daß immer etwas zum Fragen und Grübeln übrigblieb.

## IV

Wenn Tante Betty erzählte, ging es oft kunterbunt durcheinander: mal dies, mal das, was ihr grade in den Sinn kam. Aber sie erzählte so, daß sogar die alten Geschichten für uns immer neu und spannend waren, als hörten wir sie zum ersten Male.

Natürlich quälten wir sie am nächsten Abend so lange, bis sie schließlich seufzend fortfuhr: »Ach, ihr Quälgeister, was soll ich euch da noch erzählen? Wenn ich an diesen schrecklichen Tag zurückdenke – wir saßen gerade bei Tisch, als der Großonkel die Depesche öffnete, die eine Estafette aus der Stadt geschickt hatte – und wie er, dieser Riese, wie ein Kind schluchzte, daß ihm die dicken Tränen in den Bart kullerten –, nein, daran darf ich nicht denken. Es war zu schrecklich. Erst jetzt wurde uns allen klar, was wir an der guten Großtante gehabt hatten. Sie hatte für alles gesorgt, an alles gedacht, alles in Gang gehalten. Und zwar so, daß keiner es merkte. Am wenigsten der Großonkel. Jetzt, wo sie nicht mehr da war, ging alles drunter und drüber. Es kamen Abrechnungen von der Bank, vom Kreditsystem, Mahnungen vom Familienlegat. Groß-

onkel Woldemar wußte nicht ein und aus, denn mit Zahlen und Rechnungen hatte er sich noch nie abgegeben. Und ich war ja damals noch ein junges Ding, ein Dummerchen, ein Duttchen, und begriff von all dem überhaupt nichts.
Nur soviel begriff ich, daß es dem Großonkel an den Kragen ging, daß er vor dem Konkurs stand. Denn auf Karkus lagen Legatsgelder, und so kam die Sache auf den Familientag. Onkel John wurde beauftragt, die Wirtschaft hier wieder in Ordnung zu bringen.
Das war natürlich nicht ganz einfach – es ging hart auf hart –, aber schließlich mußte der Großonkel doch nachgeben und auf all das eingehen, was Onkel John ihm als einzige Rettung vorschlug.
›Mein Lieberchen, du mußt heiraten. Du brauchst eine Frau, die hier alles in Ordnung hält, wie es Tante Josefine getan hat, eine Frau, die dir obendrein durch eine anständige Mitgift aus der Bredouille wieder auf die Beine hilft! Nur so kannst du deine Pferde und Hunde behalten. Sonst kommt alles unter den Hammer – und du selber unter Kuratel!‹
›Und wen soll ich denn heiraten?‹ fragte der arme Großonkel entsetzt.

›Sascha‹, erklärte Onkel John lachend, ›die ist grade die richtige Frau für dich: eine Dragonersche, und dazu noch aus Preußen! Die wird die Sachen schon deichseln.‹

Ach, Kinderchen, euch kommt das heute wohl komisch vor, wie damals die Ehen gebacken wurden! Nicht nur die Eltern, auch sonstige Anverwandte, Tanten und Onkel, waren eifrig am Werk, wenn es galt, das Glück eines jungen oder auch älteren Paares zu schmieden, das auf eine solche Mithilfe angewiesen war. Oft merkten die glücklich Verheirateten gar nicht, wie vielen emsigen Händen sie ihr Glück verdankten. Und gerade diese gebackenen Ehen haben meist viel besser gehalten als die angeblichen ›Liebesheiraten‹, wenn zwei Verliebte in einem unbesonnenen Augenblick sich für ein ganzes Leben verbinden. Nun, heute soll man ja im Auslande sogar durch Zeitungs-Annoncen nach einer Frau oder einem Mann suchen, wie man nach einer Köchin oder einem Kutscher inseriert. Jede Zeit hat ihren Geschmack, aber ich muß gestehen: beim Heiraten ist mir das Backen doch lieber als das Annoncieren!

Übrigens: bei Tante Sascha brauchte man gar nicht viel zu backen. Sie hatte es schon längst auf den Großonkel abgesehen. Karkus grenzte ja an Odenpä, wo sie oft den Sommer bei Onkel John, einem Neffen ihrer Mutter, verbrachte. Vom preußischen Vater, dem General, hatte sie wohl das Kommandieren und den Tatendrang. Karkus hat ja den schönsten Boden und einen herrlichen Wald, nur war alles im Lauf der Zeit recht heruntergekommen. Und grade dieses reizte Tante Sascha: das verlotterte Gut wieder in Ordnung zu bringen.

Und der Großonkel? Ihm blieb gar nichts anderes übrig, als nach diesem rettenden Engel zu greifen – auch wenn Tante Sascha alles andere, nur kein Engel war.

Aber man muß gerecht sein: tüchtig war sie, und von der Wirtschaft verstand sie etwas. Das muß man ihr lassen.

Wenn böse Zungen behaupten, sie habe es auf das Gut des Großonkels abgesehen, so ist das natürlich nur Klatsch. Und geklatscht wird ja immer. Nein, man kann weder ihr noch Onkel John irgendeinen Vorwurf machen: beide wollten das Beste. Und wenn es schließlich doch anders gekommen ist, so trifft niemanden eine Schuld, am allerwenigsten den guten Großonkel. Ich hatte ja damals von all dem keine Ahnung.

Erst kurz vor der offiziellen Verlobung rief der Großonkel mich zu sich und hat mir alles gesagt. Er versuchte dabei wie immer zu spaßen. ›Jetzt geh ich, Betty, in den Zwinger der Ehe. Aber das eine sag ich dir: lieber ginge ich in den Zwinger zu den Hunden.‹

Doch ich merkte, daß ihm gar nicht lustig zumute war.

Dann sagte er seufzend: ›Ich muß, Betty, ich muß! Man hat mir den Strick um den Hals gelegt. Oder soll ich mich von meinen Pferden und Hunden trennen? Denk an Mirabel, an Laika! Nein, ohne Pferde und Hunde, das wäre kein Leben. Jedenfalls nicht für mich. Ich muß in den sauren Apfel beißen – da hilft mir nichts! Aber gottlob: ich habe noch starke Zähne und werde ihn schon herunterschlucken! Auch mit der preußischen Dragonerschen werde ich fertig, darauf kannst du dich verlassen!‹

Ach, Kinderchen, der gute Großonkel tat mir leid. Aber wie sollte ich ihm helfen?

Und wie ein Unglück nie allein kommt: grade damals war Laika an der Räude erkrankt, und nur wenige Tage vor der offiziellen Verlobungsfeier stürzte Mirabel so unglücklich, daß sie ein Bein brach. Die Feier wurde natürlich verscho-

ben. Der Veterinärarzt kam aus der Stadt, aber da war nichts zu machen. Die Wunde fing an zu eitern. Das arme Tier quälte sich so, daß der Großonkel dem Buschwächter den Befehl gab, es zu erschießen. Er ordnete an, Mirabel sollte im Park, unter einer großen Eiche, beerdigt werden, fuhr aber selbst in die Stadt, um, wie er sagte, wichtige Geschäfte zu erledigen. Aber ich wußte, er wollte all dem entfliehen: der Erschießung seines Lieblingspferdes – und vielleicht auch der Verlobungsfeier. Er war so außer sich, daß er keinen Menschen sehen und sprechen konnte.
Nur zu mir kam er noch und übergab mir Laika mit den Worten: ›Auch Laika soll morgen erschossen und neben Mirabel unter der Eiche begraben werden. Sie ist alt und räudig, ich will sie nicht mehr wiedersehen.‹
Doch ich konnte es nicht übers Herz bringen, seinen Wunsch zu erfüllen. Vielleicht – dachte ich mir – bereut der Großonkel seinen Befehl, vielleicht wird das Hündchen doch wieder gesund. So sagte ich niemandem etwas vom Befehl des Großonkels, verbarg Laika bei mir und schmierte ihren räudigen Rücken mit einer Salbe ein, die der Veterinärarzt verschrieben hatte.
Ach, Kinderchen, es war eine schreckliche Zeit,

als der Großonkel fort war. Keiner wußte, wohin er gefahren war und wann er wiederkommen würde. Er hatte Onkel John beauftragt, in seiner Abwesenheit die Wirtschaft zu führen. Doch in Wirklichkeit regierte Tante Sascha. Sie war ja die zukünftige Herrin, auch Onkel John konnte nicht gegen sie aufkommen. Und ich erst recht nicht.

Mit Feuereifer ging Tante Sascha dran, die ›baltische Lotterwirtschaft‹, wie sie sagte, nach preußischem Muster in Ordnung zu bringen. Als der Piqueur ihr nicht gleich gehorchte, wurde er Knall und Fall entlassen. Er hatte sich nämlich geweigert, die Hunde im Zwinger mit dem Fleisch von Mirabels Kadaver zu füttern, wie Tante Sascha es angeordnet hatte. Sie meinte, es sei ein Unsinn und eine Verschwendung, dies gute Fleisch aus alberner Pietät zu verscharren, statt es nutzbringend zu verwerten. So wurde nur das Fell unter der Eiche im Park vergraben, das Fleisch aber im Zwinger verfüttert.

Auch sonst griff Tante Sascha überall energisch durch und spielte sich, von Onkel John unterstützt, schon als richtige Herrin auf.

Ich war ja nur ein Dummerchen, ein Duttchen, hatte nichts zu sagen und nichts zu meinen und mußte mich in alles fügen. Auch hatte ich ja selbst ein schlechtes Gewissen, weil ich den Befehl des Großonkels nicht ausgeführt hatte und Laika bei mir verborgen hielt. Die Salbe wirkte, der räudige Rücken wurde mit jedem Tag besser – wie konnte ich da das Hündchen erschießen lassen?!

Und dann, eines Morgens, kehrte der Großonkel zurück. Er hatte sich nicht angemeldet, war mit dem Nachtzug gekommen, hatte auf der Station Postpferde genommen und war plötzlich in aller Frühe da.
Ich schlief so fest, daß ich die Postglocken nicht gehört hatte. Aber Laika hatte sie gehört und gleich gespürt, daß der Herr wieder heimgekehrt war. Sie winselte, stieß mir mit der kalten Schnauze ins Gesicht, bis ich aufwachte; und da hörte ich schon die Stimme des Großonkels: er brüllte so, daß mir das Herz stillstand.
Was sich an jenem Morgen unten im Hause abspielte, habe ich erst später erfahren. Denn ich wagte nicht, mein Zimmer zu verlassen, das sich im oberen Stockwerk befand. Der Großonkel muß gleich nach seiner Rückkehr, vielleicht auch schon in der Stadt, erfahren haben, was mit Mirabel

geschehen war. Der Piqueur, den Tante Sascha entlassen hatte, soll es ihm hinterbracht haben. Wahrscheinlich war der Großonkel nur deshalb so schnell heimgekehrt. Er hat so geschrien und getobt und alles, was ihm in die Hände kam – Geschirr, Stühle und sogar die schöne Alabaster-Petroleumlampe, die im Saal auf dem runden Tisch stand –, an die Wand geschmissen, daß Tante Sascha, die doch sonst keine Angst hatte, durch die Küchentür entfliehen und auf einer Brettdroschke sich aus dem Staube machen mußte. Und dann ist sie natürlich nie mehr wiedergekommen, und mit der Verlobung und Heirat war es endgültig aus.

Als ich später einmal Tante Sascha entschuldigen wollte, sie habe alles nur in bester Absicht getan, erklärte mir der Großonkel: ›Nein – Mirabel den Hunden zum Fraß vorzuwerfen, das war schlimmer als Mord. Es war Leichenschändung. Das kann ich ihr nicht verzeihen. Sie darf mein Haus nie mehr betreten!‹

Ach, Kinderchen, ihr könnt euch gar nicht denken, wie mir da zumute war, als der Großonkel unten im Saal schrie und tobte und Laika in meinem Zimmer winselte und hinaus wollte! Ich konnte das Hündchen doch nicht den ganzen Tag

bei mir verstecken! Auch ich hatte seinem Befehl nicht gehorcht; auch mich – so überlegte ich mir – wird er wie Tante Sascha anbrüllen und aus dem Haus jagen. Die alte Wirtschaftsmamsell war ganz aufgeregt zu mir heraufgerannt und hatte mir von allem berichtet.
Zitternd saß ich da und dachte schon daran, heimlich in den Wald davonzulaufen.
Da hörte ich Großonkels schwere Schritte. Er kam die Treppe heraufgestampft – dann knarrten seine Stiefel auf dem Gang – und dann trat er in mein Zimmer.
Laika begrüßte ihn stürmisch, sprang jaulend an ihm hoch.
›Laika – du lebst?!‹
Er bückte sich nieder, preßte das Hündchen ans Herz und hob es auf seine Arme. Dann trat er ans Fenster, starrte hinaus und stand eine Weile da, ohne auch nur ein Wort zu sagen.
Ich wagte mich nicht zu rühren, kaum zu atmen.
Endlich fragte er, ohne den Kopf zu wenden: ›Du hast den alten räudigen Hund zu dir genommen. Warum tatst du nicht, was ich dir befohlen hatte?‹
›Weil ich es nicht konnte!‹
Da drehte sich der Großonkel um und sah mich

lange forschend an, sagte aber kein Wort. Dann trat er mit festen Schritten auf mich zu, packte meine Hand, daß mir die Knöchel weh taten, und fragte: ›Würdest du auch einen anderen alten räudigen Hund zu dir nehmen und ihn gesund machen?‹

Und ehe ich noch irgend etwas begriffen hatte und überhaupt zur Besinnung kam, nahm der Großonkel mich – ganz so, wie er Laika genommen hatte – in seine Arme, daß ich kein Wort hervorbringen konnte. Aber das war auch nicht mehr nötig . . .

Bald darauf heirateten wir, der alte Pastor Berkholz hat uns getraut. Und das kann ich euch Kinderchen sagen: einen so guten Mann wie den Großonkel Woldemar hat es noch nie gegeben – auch wenn er sich alle Mühe gab, dies keinem zu zeigen! Nun, leicht hat er es nicht gehabt, besonders in den letzten Jahren, nach dem Schlaganfall, als er sich nur noch im Rollstuhl bewegen konnte. Aber geklagt hat er nie und alles geduldig ertragen.

›Der Rollstuhl‹, so sagte er, ›ist mein Roß. Jetzt brauch ich keine Pferde!‹

Das kostspielige Gestüt und der Zwinger wurden

verkauft, und da gerade damals die Flachspreise stiegen, kamen wir aus den Schulden heraus. Nur Schamyl, der Kabardiner Hengst, und ein paar alte Jagdhunde erhielten ihr Gnadenbrot, junge wurden nicht mehr aufgezogen.
Und bis zuletzt hat der Großonkel seine Späße gemacht: ›Nein, im Rollstuhl will ich nicht begraben sein! Schamyl soll hinter meinem Sarge hergehen. Und wenn es im Himmel keine Pferde und Hunde gibt, dann pfeife ich auf die ganze Seligkeit. Dann komm ich wieder auf die Erde zurück – und natürlich nach Karkus!‹
Ach, Kinderchen, der gute Großonkel ist mir immer nahe – oft höre ich ganz deutlich seine Stimme, sein Lachen.
Und bald nach dem Großonkel ist auch Laika gestorben. Sie war zuletzt blind geworden, lag immer neben dem leeren Rollstuhl im Zimmer des Großonkels. Und jetzt liegt sie neben ihm in dem Erbbegräbnis. Das hatte Großonkel Woldemar so bestimmt. Und bald werde auch ich dort liegen . . .«
Wenn wir Kinder dann Tante Betty bestürmten, daß sie noch lange leben und uns noch viele Geschichten erzählen müsse, schüttelte sie den Kopf.

»Nein, ihr Quälgeister, auch ich will endlich meine Ruhe haben! Und wenn ihr einmal groß seid, müßt ihr selbst Geschichten erzählen – euren Kindern! Vielleicht erinnert ihr euch dann noch an den Großonkel. Ich glaube, er wird sich freuen, wenn ihr manchmal auch an ihn denken und von ihm erzählen werdet, von ihm und seinen vielen Pferden und Hunden!«

## DER KAMPF UM DIE MANTILLE

Tante Marullchen und Tante Conze, die beiden unverheirateten Schwestern von Onkel Oscha, bewirtschafteten nach dessen Tode das schöne, aber recht verwahrloste Familiengut, das sich mit seinen endlosen Wäldern bis an den Rigaschen Meerbusen hinzog.

Tante Marullchen, klein und rundlich, stapfte täglich mit hochgerafften Röcken und hohen Galoschen in den Viehstall, sah nach den Hühnern und Enten, beschnitt die vielen Rosenstöcke und ließ sich von Laping, dem alten Verwalter, jeden Abend über alle Feldarbeiten berichten.

Tante Conze, lang und hager, mit dürren Haaren am spitzen Kinn, die wir Kinder staunend betrachteten, führte den Haushalt und ging selten aus. Sie strickte, legte Patience oder schrieb in ihrer Agende, in der jedes noch so kleine Ereignis ihres einförmigen Lebens – wie der Besuch des Doktors, des Pastors oder irgendeines Nachbarn – sorgfältig mit zierlicher Schrift für die Nachwelt eingetragen wurde.

So ergänzten sich die beiden Tanten ausgezeichnet, und gerade deswegen liebten sie sich innig, waren unzertrennlich und hätten keinen Augenblick ohne einander leben können – wie sie denn auch fast gleichzeitig gestorben sind. Aber eigensinnig waren alle beide, und so konnten bei aller Liebe selbst Kleinigkeiten ihre Gemüter heftig erregen und völlige Belanglosigkeiten endlose Kämpfe entfesseln. Vielleicht brauchten sie in ihrem eintönigen, stillen Leben diese gelegentlichen Entladungen – wie man in den alten, geruhsamen Zeiten ein Fläschchen mit scharf duftendem Lavendelsalz brauchte, um kräftig zu niesen.

Strittige Gegenwartsprobleme gab es allerdings für die alten Damen kaum. Die Streitobjekte waren meist historischer Natur, und das verlieh diesen Kämpfen, die gleichsam mit erbitterter Herzlichkeit ausgetragen wurden, noch einen besonderen Reiz. »Mantille« oder »Pelerine« – sooft diese Frage aufgeworfen wurde, durfte man ein äußerst spannendes Wortgefecht erwarten.

Kein Wunder, daß wir Kinder das Gespräch immer wieder auf dieses verfängliche Thema lenkten. Und das war ganz einfach: wir brauchten uns nur nach Tante Marullchens »Amerikareise« zu erkundigen. Tante Marullchen war nämlich in jungen Jahren, als halbwüchsiges Mädchen, einmal vom väterlichen Gut losgezogen und ganz allein durch die Wälder, am Strand entlang, bis Haynasch, einer kleinen Hafenstadt am Rigaschen Meerbusen, gewandert, mit der Absicht, von dort mit einem Holzfrachter nach Amerika zu segeln.

Doch das Schiff war schon fortgefahren, als sie, recht erschöpft, in Haynasch anlangte. Der alte Propst Trampedach, dem sie dort begegnete, hatte Marullchen wieder glücklich nach Hause gebracht. Das war natürlich ein ungeheures Ereignis in ihrem Leben gewesen, vielleicht das Ereignis, von dem sie noch bis zu ihrem Tode zehrte. Und auch uns Kindern machte an Tante Marullchen nichts so tiefen Eindruck wie ihr tollkühner und abenteuerlicher, wenn auch mißglückter Fluchtversuch.

So war es auch gar nicht verdächtig, wenn wir Näheres über diese »Amerikareise« erfahren wollten und Tante Marullchen immer wieder zum Erzählen zu bringen suchten. Denn wir wußten, daß sich dabei die Gemüter beider Tanten meist zu erhitzen pflegten. Aber wir näherten uns natürlich nur auf Umwegen dem gefährlichen Thema und erkundigten uns zunächst ganz harmlos: »Und warum wolltest du eigentlich nach Amerika?«

»Warum?!« Tante Marullchen blickte von ihrer Handarbeit auf, ihre Augen leuchteten in der Erinnerung an ihr großes Abenteuer. »Warum? Das will ich euch sagen. Alles fing mit der ›Pinka‹ an, dieser abscheulichen Haut auf der gekochten Milch, die wir essen mußten. Tunzelchen meinte, daß diese Pinka für uns Kinder sehr gesund sei. Aber ich spuckte sie heimlich immer aus, bis Tunzelchen dahinterkam . . .«

»Und wer war Tunzelchen?«

»Tunzelchen war unsere Gouvernante. Eigentlich hieß sie ›Tunzelmann von Adlerflug, genannt die goldene Leyer‹. Aber das war natürlich zu lang, und so nannten wir sie Tunzelchen. Sie stammte aus Ösel, wo ihr Vater Propst gewesen war . . .«

»Nein, Marullchen, der alte Propst Tunzelmann war ihr Großvater. Ihr Vater war Notar in Werro. Er trug Bartkoteletten und ein Pincenez mit schwarzem Seidenband. Ich kann mich noch gut an ihn erinnern!«

»Aber ich bitte dich, Conzchen, der alte Notar in Werro – das war ihr Onkel! Das weiß ich ganz genau. Tunzelchen fuhr doch in den Ferien immer zu ihrem Onkel nach Werro, ihr Vater war ja schon längst gestorben!«

»Nein, Marullchen, da irrst du dich, das war ihr Großvater, der alte Propst, der so plötzlich starb, mitten in der Predigt, auf der Kanzel ... Ihr Vater, der Notar in Werro ...«

Noch lange ereiferten sich die beiden Tanten darüber, ob der alte Propst in Ösel oder der Notar in Werro Tunzelchens Vater gewesen war, und da alle drei schon längst unter der Erde lagen, konnte diese Frage nie geklärt werden.

»Und wegen der Pinka wolltest du also nach Amerika auswandern?« suchten wir die gute Tante dorthin zu lenken, wo, wie wir wußten, der eigentliche Kampf zu erwarten war.

»Ja, so war es«, fuhr Tante Marullchen eifrig fort, »Tunzelchen hatte uns in der Geschichtsstunde von Amerika erzählt, daß Amerika ein Land der Freiheit sei, nicht so wie bei uns in Rußland. Und da hatte ich sie gefragt, ob die Kinder in Amerika auch Pinka essen müßten?

Zur Strafe mußte ich eine ganze Seite abschreiben: ›Pinka ist gesund und schmeckt gut!‹ Aber ich schrieb: ›Pinka schmeckt scheußlich!‹
Jetzt wurde ich ins ›Tschulanchen‹, in die Rumpelkammer neben der Schafferei, eingesperrt und sollte dort so lange sitzen, bis ich einen Teller voll Pinka heruntergeschluckt hätte. Und da bin ich losgezogen – heimlich durch das Backzimmer und die Küche. Die alte Minna half mir dabei und brachte mir die Galoschen . . .«
»Die Galoschen? Aber, Marullchen! Die Galoschen bekamen wir doch erst zu Weihnachten – und damals war es Herbst! Du bist in den hohen Stiefeletten gegangen . . .«
»Nein, Conzchen, du irrst dich! Die Galoschen hatte ich zu meinem Geburtstag bekommen, im August. Das weiß ich ganz genau, denn sie standen ja auf meinem Geburtstagstisch, neben dem Gelbkringel! Ich sehe noch deutlich die hohen Galoschen mit den blanken Schnallen . . .«
»Aber, Marullchen! Wir beide bekamen doch gleichzeitig die Galoschen – und die standen unter dem brennenden Weihnachtsbaum! Erinnerst du dich denn nicht: in jeder Galosche steckten Pfefferkuchen – und die gibt es doch nur zu Weihnachten!«

Auch diese Frage, ob Tante Marullchen ihre Galoschen zu Weihnachten oder zu ihrem Geburtstag bekommen hatte, wurde lange und eingehend erörtert, ohne daß sie entschieden werden konnte.

Wir Kinder hatten unseren diebischen Spaß daran, brachten durch geschickte Zwischenfragen die Gemüter immer wieder in Erregung und bohrten weiter: »Und wie bist du dann gegangen? Kanntest du den Weg?«

»Natürlich kannte ich den Weg: zuerst die Allee, und dann auf der Landstraße, durch den Wald bis zur Buschwächterei, wo damals der alte Prahm (Fähre) über den Fluß ging . . .«

»Aber, Marullchen! Der Prahm war doch ein gutes Stück unterhalb der Buschwächterei, beim Strunze-Krug . . .«

»Nein, Conzchen, das weiß ich ganz bestimmt, daß ich in der Buschwächterei auf den Prahm gewartet habe, der gerade auf der anderen Seite war . . .«

»Vielleicht hast du dort gewartet, das mag schon sein. Aber der alte Prahm ging beim Strunze-Krug über den Fluß, ein gutes Stück unterhalb von der Buschwächterei . . .«

Da diese Fähre längst durch eine Brücke ersetzt

worden war und nur noch in der Phantasie der Tanten existierte, konnte nie restlos ergründet werden, wo dieser sagenhafte Prahm einst in grauen Vorzeiten den Fluß überquert hatte: ob bei der Buschwächterei oder beim Strunze-Krug – die übrigens beide auch schon lange nicht mehr vorhanden waren ...

Wir Kinder stießen uns gegenseitig unter dem Tisch an, denn jetzt war der Augenblick gekommen, die Lunte ins Pulverfaß zu werfen und den eigentlichen Kampf zu entfesseln – den Kampf um die Mantille.

Dazu genügte eine ganz harmlose Frage: »Und wie war es, Tante Marullchen, als du so allein durch die Wälder wandertest? War es damals kalt, und hast du nicht sehr gefroren?!«

»Natürlich war es sehr kalt«, berichtete Tante Marullchen eifrig. »Es war doch schon Oktober, in der Nacht hatte es gefroren – aber ich hatte ja die blaue wattierte Mantille an!«

Das Stichwort – die »Mantille« – war gefallen.

Prompt ereiferte sich Tante Conze: »Die blaue Mantille?! Aber ich bitte dich, Marullchen, die Mantille war doch damals gerade bei Mamsell Swirbul in Lemsal, zum Auswattieren für den Winter. Ich erinnere mich noch ganz gut: du hast die lange graue Pelerine mit der Kapuze getragen.«

»Erbarmung! Mein liebes Conzchen, wie hätte ich mit der langen Pelerine, ganz ohne Ärmel, bis nach Amerika fahren können? Ich weiß doch ganz genau, daß ich wartete, bis die Mantille auswattiert war, und grade deshalb kam ich zu spät nach Haynasch: das Schiff war schon abgesegelt. Wenn ich nur einen Tag früher nach Haynasch gekommen wäre, säße ich heute nicht hier. Dann wäre ich schon längst Amerikanerin! Nur die Mantille ist daran schuld, daß ich noch hier bin.«

»Aber, Marullchen, mein Herzchen, wie kannst du nur einen solchen Unsinn behaupten, wo ich doch mit eigenen Augen gesehen habe, wie der alte Propst Trampedach dich zurückbrachte – in der grauen Pelerine mit der Kapuze!«

»Mein liebes Conzchen, dann hat man die Pelerine mit der Kapuze nach Haynasch nachgeschickt, aber losgegangen bin ich in der blauen Mantille!«

»Aber, Marullchen, wir wußten doch gar nicht, wo du warst – wie hätten wir dir deine Pelerine nach Haynasch nachschicken können?! Nein, du bist in der langen Pelerine davongelaufen ...

Vielleicht hast du deshalb nicht so schnell gehen können.«

»Aber, Conzchen, mein liebes bestes Schwesterchen, ich erinnere mich doch ganz genau, daß mir die alte Minna in der Küche ein paar heiße Speckkuchen in die Tasche der Mantille steckte. Die Pelerine hatte ja gar keine Tasche!«

»Und hatte denn die Mantille eine Tasche? Nein, Marullchen, du irrst dich. Du trugst die graue Pelerine mit der Kapuze und dem Pelzkragen!«

»Nein, die blaue Mantille . . .«

»Die Pelerine . . .«

»Die Mantille . . .«

Auch die vielumstrittene Frage – ob Pelerine oder Mantille – ist, wie so manche andere, nie entschieden worden.

Ehrlich gestanden, ich weiß nicht einmal, worin sich eine »Pelerine« von einer »Mantille« unterscheidet. Aber für Tante Conze und Tante Marullchen waren diese Unterschiede von allergrößter Bedeutung.

# INHALT

Weitere Werke Siegfried von Vegesacks,
Preisträger des Ostdeutschen Literaturpreises 1965,
im Eugen Salzer-Verlag, Heilbronn

VORFAHREN UND NACHKOMMEN
Aufzeichnungen aus einer altlivländischen Brieflade
1689 — 1887
*464 Textseiten, 13 Bildtafeln. Leinen*

DIE BALTISCHE TRAGÖDIE
Romantrilogie
Vollständige Ausgabe in der Reihe
»Salzers preiswerte Romane«
*512 Seiten. Leinen*

DER LETZTE AKT
Roman
Vollständige Ausgabe in der Reihe
»Salzers preiswerte Romane«
*288 Seiten. Leinen*

SIEGFRIED VON VEGESACK LIEST
Aus »Vorfahren und Nachkommen«, »Die baltische Tragödie«, »Der Pastoratshase«
*30-cm-Langspielplatte. 33⅓ U/Min.*

EUGEN SALZER-VERLAG HEILBRONN